moinho
de
inventos

francicarlos diniz

moinho de inventos

[o livro das ruminâncias]

EDITORA
Labrador

para
Ana

para
Mariana

A prosa
explica.

A poesia
sugere.

Carlos Moliterno

capetalismo

    aí Deus
criou o mundo
    e fez
o primeiro homem
    :
    aí o homem
criou asas
    e fez
o terceiro mundo

logosofia

    penso,
logo existo

    repenso,
logo insisto

    pensando bem,
logo desisto

vã filosofia

    Freud explica,
explica,
    explica,
e ninguém
    se entende

mente fértil

    para bom
entendedor
    meia pá
        lavra

in memoriam

```
      é
ter
      na
mente
```

o retorno eterno

```
      do pó
viemos
      :
      após
voltaremos
```

        a verdade
é uma
        somente
        :
        uma
verdade só
        mente

                    relógio de impulso

                no meu tempo
        tudo
                tinha
        o - seu - tempo

duplo sentido

ouvi
    ou
        vi

it's a long way

      menoridade
maioridade
    meia idade
melhor idade
      eternidade

11º mandamento

    não
obedecerás
     aos
desmandamentos

                      jardim do ego

                  bem-me-quero
              bem-me-quero
                :
                  bem-me-quero
              bem-me-quero

baião de nós dois

    atados
somos só
    nós
    :
    des-atados
somos sós
    sem nós

autoestação

    uma
andorinha-Sol
    faz
verão

a gata bordadeira

    ponto a ponto
rasgando sedas
    teceu promessas
costurou alianças

    desatando nós
bordou versos
    retalhou poemas
cerziu frases feitas

    cingindo confissões
costurou ilusões
    amor-tecendo em tramas
o fim da linha

status de relacionamento

de:
    amor
    de verão

para:
    rolinho
    de primavera

uêizi!

              no meio
          do caminho
             tinha
        um pedaço
             de mau caminho

terceira asa

    no meu plano
piloto
    vou tirar você
dos eixos

psicanálise sintática

- quem és tu?
- o sujeito da minha oração.
- como vai a rima rica?
- na maior pobreza vocabular.
- pra onde foi a metalinguagem?
- para um encontro vocálico.
- quem rasgou o verbo?
- a língua afiada.
- como se costuram as ideias?
- com a linha de raciocínio.
- quem é o cara?
- o pretérito mais-que-perfeito.
- prosa ou poesia?
- conversa, com verso.

desencanto

era
uma vez
um sapo que virou
um príncipe que encantou
uma princesa que
engoliu sapo
uma vez
era

        pesos e medidas

    ela,
magra,
    cheia de si
    :
    eu,
gordo,
    cheio de mim

o altar dos afetos

    lave   me
    leve   me
    live   me
    so   please
    love   me do

        a mais

           o gene é masculino
      [a gênese é feminina
           o som é masculino
      [a música é feminina
           o verso é masculino
      [a poesia é feminina
           o homem é masculino
      [a humanidade é feminina

fogo de artifício

    te sigo,
te miro,
    engatilho

[suspiro]

    o coração dispara,
mas não
    me atiro

dnalma

    a gente
só é gente
    mesmo
quando
    a gente
é a gente
    mesmo

```
    tudo
vale
    apenas
quando
    a alma
é pequena
    :
    que
    pena
```

```
                    prosa
                    é conversa
                    :
              poesia
              é com verso
```

    tem gente que toca
mas não abraça
    tem gente que abraça
mas não encosta
    tem gente que encosta
mas não aperta
    tem gente que aperta
mas não beija
    tem gente que beija
mas não sente
    tem gente que se sente
e não se toca

    roubou-me
um beijo
   :
    ganhou
habeas corpus

rotina

    tudo de velho,
de novo,
    de novo,
de novo...

                                      oração
                                      insubordinada
                                      objetiva
                                    direta
                                  :
                                    hoje não,
                                    tô com dor
                                    de cabeça

correio elegante

ontem era
a carta romântica,
    enviável no portão,
tempo do selo
  :
    hoje é
o post de amor,
    inviável no portal,
tempo de sê-lo

h2ódio

    em que
profundeza
    se perdeu
a água
    da gentileza?

```
     devagar
nos leva
     o lounge
     :
     divagar
nos leva
     a longe
```

```
          aqui
pra nós,
     eu tenho
pra mim
     que você
me tem
                    aí
```

carrossel

 Ed Motta,
que amava Manuel,
 que foi pro céu,
assim como Renato Russo,
 que amava Eduardo e Mônica,
que eram nada parecidos,
 que eram amados pelos Los Hermanos,
que amavam Ana Júlia,
 que só pensa em namorar,
assim como a Carolina,
 que era amada por Gonzagão

descaminho das pedras

    no começo do caminho
tinha uma pedra
    lascada

    no meio do caminho
tinha uma pedra
    que lascou Golias

    no fim do caminho
tinha uma pedra
    de crack

    aí o homem,
doido de pedra,
    se lascou todinho

breviário
das desventuras
do amor
    :
    do elo
ao
    duelo

    o poema e a prosa
tiveram uma
    conversa
com verso
    no canto da página
    :
    geraram
lindos versículos

ultra passagem

o
que
você
vai ser
quando
cresceu?

                  na rua
            da amargura
                não passa mais
          o trem da alegria
              nem o bonde
        chamado desejo

círculo vicioso

    inflação,ooo,ooo,ooo,ooo...

        dito e feito

          o prolixo
   faz e diz,
        diz, diz, diz
    :
        o prolífico
   diz e faz,
        faz, faz, faz

    menos
é mais,
    mas
mais
    de menos
já é
    demais

deus-mercado

    não
nos
    deixeis
cair
    em
tanta
    ação

        bolsa de valores m
                      o
                         r
                            a
                              i
                               s

atroz

    tenho
tantas
    dúvidas
que tenho
    dúvidas
até das
    dúvidas
que tenho
    [ou não]

reforma ortográfica

          ^
  v   ^
    ^

o

o

tribunal superior

    no juízo final
os juízes
    também serão
julgados
    [salvo melhor juízo]

    tudo
agora
    é para
ontem
:
    amanhã
será
    pra
hoje?

[*qualopreçodessapressa?*]

       não gaste
o seu
       latir
       :
       os ouvidos
têm
       [paredes]

leitura dinâmica

            the book
       is on
            the tablet

chatos eternos

       encarnam,
encarnam,
       encarnam,
reencarnam

Alice:
- Você pode me ajudar?

Gato:
- Sim, pois não.

Alice:
- Que comida este restaurante serve?

Gato:
- O que você quer comer?

Alice:
- Eu não sei, estou faminta.

Gato:
- Quando não se sabe o que se quer comer, qualquer self-service.

divina comédia

    sorrir
nos leva
  ao céu
da boca

moinho de inventos

    um verso
que se borda
    é somente
um verso
    :
    um verso
que transborda
    é mais que
um verso
    :
    é um
    universo

          a poesia
leva
      a nada
      :
      mas
que
      nada!

leva e traz

    a vida traz
a gente

    a gente
leva a vida

      a vida
           leva
                a gente

                quem
           é vivo
                pulsa
                :
                quem
           é muito vivo
                repulsa

noves fora

    nunca
quase
    tudo
foi
    sempre
tanto
    nada

saideira

    saia do sério
saia da linha
    saia de si
saia de tudo
    só não saia de mim

equinócio

    a lua
ficou cheia
      após pegar o sol
num quarto
     minguante

                quem conta
          um conto
             aumenta
          um ponto
             :
             quem conta
          um microconto
             dá um
         desconto

    em Brasília
não se buzina
     nem se diz
vai ver se eu tô
         lá na esquina

ferramentas de gestão

    3 aparadores de arestas
9 propulsores de frases feitas
  14 compressores de prazos
42 estabilizadores de tensão
   1.738 desfibriladores

marca-passo corporativo

    é pique, é pique
é pique, é pique, é pique
   é hora, é hora
é hora, é hora, é hora
    rá! tim! buuuuummmmm!!!

o contador de estórias

    era uma vez...
eram duas vezes...
    eram três vezes...

bizu de redação

    clareza é isso
correção não é iço
    coesão é isso com isso
coerência é isso por isso
    concisão é só isso

sangrada escritura

    a liberdade
de não crer
    é um direito
sagrado
    que deve
ser respeitado
    religiosamente
[creio eu]

on sale

    vende-se
quem
    se vende

    uma coisa
é certa
    :
    nenhuma coisa
é certa

i cloud

    quando
eu morrer,
    quero ser
salvo
    nas nuvens

          [em tempo]

    quando
eu partir
    é quando
ainda não fui
    :
    quando
eu parti
    é quando
          já fui

    seno e cosseno
discutiam
    o ângulo
da questão
   :
    a hipotenusa
fria e calculista
    saiu pela tangente
com o cateto oposto

modo avião

    tenho a leve
impressão
    de que ando
com os pés
    aqui nas nuvens
e a cabeça
    lá no chão

Descartes pensava
　Zaratustra falava
　　　Freud explicava
e nóis posta!

pronome indefinido

　　　　vossa mercê
　　　　 vossemecê
　　　　　vosmecê
　　　　　　você
　　　　　　 ocê
　　　　　　 vc
　　　　　　　c

the sound of silence

　　　calado
estou,
　　e não
mudo

tortografia

    os brasileiros
não sabemos
    usar
à crase

                    procrastinar,
            segundo o Aurélio,
                significa...
          significa...
              ah, depois eu digo

    ...o mundo gira
e a lusitana roda
    e arrudia e redunda
na redondeza do rodeio da rudia
    que rodopia na roleta
da rotunda...

     a partir
de amanhã
     juro que
vou cumprir
     tudo o que
ontem
     eu promenti
para hoje

               não sabendo
que era
     impulsivo,
ele foi lá
     e fez,
e desfez,
     e fez,
e desfez...

figura da linguagem

       esses seus
emojis
       me deixam
sem palavras

origem da espécie

quem nasceu primeiro
:
o ovo
ou
o baba-ovo?

                efeito orloff

           destilado
           destilado
           destilado
                          do outro lado

juridiquês

    dito-cujo
cujo dito
    mal dito
tenho dito

templos modernos

    o sagrado
é a alma
    do negócio
da alma

                          **desembalos
de sábado à noite**

                  jazz
                        zzz
                              zzz

    no frigir
do ovo
    o povo
é sempre
    o ovo

luta almada

    desarme
o espírito
    :
    todo tiro
sai
         pela culatra

         a vida
      começa com v
       e termina com
              ida

epitáfio do florista
[pra não dizer que não falei...]

    aqui
jas
   mim

cárcere digital

    prendeu
seu tempo livre
    numa tela
solitária

                a crase não
           foi feita
               para humilhar
            :
               a vírgula, não,
           foi feita
               para humilhar

      o Brasil
é o país
      do futuro
do pretérito
      imperfeito

feicibuque

_www
_blábláblá
_mimimi
_kkk

                tu és
           eternamente
                responsável
         por aquilo
              que compartilhas

bolero rasgado

    só lamente
uma vez...
    só lamente
duas vezes...
    e nada mais!

olla-lá

   preservativo
preserva ativo
   preserva passivo

bbb

         gente lesa
   gera
         gente lesa

    a preguiça
é o segundo
    maior defeito humano
    :
    só não é o primeiro
por absoluta falta
    de disposição

        só sei
    que nada
        ser ou não ser,
eis a questão
        que nem Freud explica,
logo existo

NÃO
é nada
    sobre tudo,
sobretudo
    sobre nada

testículo

    um é pouco,
dois é bom,
    três já é demais,
ora bolas!

linguística

    a gramática
está na ponta
    da língua
    :
    a língua
tá na boca
    do povo

    mentir
é pecado,
    mas falar
a verdade
    pode levar
ao inferno

morte súbita

    um,
dois,
    três e
jaz!

        toda
      umaminidade
         é
      burra
        [também]

beleza pura

    acolha
a sua
    inperfeissão

boletim de ocorrência

    balas perdidas
vidas perdidas
    autoridades totalmente perdidas

                    o Rio de Janeiro
                      cont nua
                          i
                          n
                          d
                          o

da vida

    o ponto final
será sempre
    um ponto
de partida

EDITORA
Labrador

Copyright © 2017 Francicarlos Diniz
Todos os direitos desta edição reservados à Editora Labrador.

Coordenação editorial
Diana Szylit

Projeto gráfico, diagramação e capa
Antonio Kehl

Dados Internacionais de Catalogação na Publicação (CIP)
Andreia de Almeida CRB-8/7889

Diniz, Francicarlos
  Moinho de inventos : [o livro das ruminâncias] / Francicarlos Diniz. — São Paulo : Labrador, 2017.
  64 p.

  ISBN 978-85-93058-32-5

  1. Poesia brasileira I. Título

17-1050   CDD B869.1

Índices para catálogo sistemático:
1. Poesia brasileira

Editora Labrador
Diretor editorial: Daniel Pinsky
Rua Dr. José Elias, 520 – sala 1 – Alto da Lapa
05083-030 – São Paulo – SP
Telefone: +55 (11) 3641-7446
Site: http://www.editoralabrador.com.br
E-mail: contato@editoralabrador.com.br

A reprodução de qualquer parte desta obra é ilegal e configura uma apropriação indevida dos direitos intelectuais e patrimoniais do autor.